we hope this book makes you wish to come and visit our city. thanks for all

Best regards

Fiona's family.

Retour à Toulouse

Photographies anciennes
Collection Daniel Quesney

Photographies contemporaines
© Daniel Quesney

Retour à Toulouse

Identical shots, a hundred years apart

Les mêmes lieux photographiés d'un siècle à l'autre

Daniel Quesney

English translation by David W. Cox

Biographie

Daniel Quesney est photographe et vit actuellement à Paris. De 1993 à 1998, il participe à la mise en œuvre de l'Observatoire photographique du paysage auprès du ministère de l'Environnement (Revues *Séquences paysages* n° 1, Hazan, 1997 et n° 2, Arp Éditions, 2000). Dans le cadre de l'agence Paysage(s), dont il a été le directeur de 2000 à 2006, il a réalisé des états des lieux ou des reconductions photographiques pour des institutions liées à l'aménagement du territoire. En 2001, il publie chez Arp Éditions *Miroirs, reconstitution photographique*, un travail de reconduction à partir de photographies d'Eugène Atget.

Sommaire

Avant-propos 12
L'ensemble conventuel des Jacobins 16
L'église des Jacobins 18
L'hôtel de Bernuy 20
La tour des Cordeliers 22
L'université des Sciences sociales 24
La basilique Saint-Sernin 26
Le musée Saint-Raymond 28
Notre-Dame-du-Taur 30
Le Capitole 32
La place du Capitole 34
La rue Saint-Rome 36
Le donjon du Capitole 38
La rue La Fayette 40
La place Wilson 42
Les allées du Président-Roosevelt 44
Le marché et le parking Victor-Hugo 46
La rue Gabriel-Péri 48
Le boulevard de Strasbourg 50
Les Galeries Lafayette 52
La rue d'Alsace-Lorraine 54
La rue d'Alsace-Lorraine 56
Le musée des Augustins 58
Le cloître de l'ancien couvent des Augustins 60
Le carrefour Esquirol et le musée des Augustins 62
Le carrefour Esquirol et la rue d'Alsace-Lorraine 64
La rue de Metz 66
L'hôtel d'Assézat 68
La rue de Metz depuis le pont Neuf 70

Le palais consulaire 72
La place Rouaix 74
La cathédrale Saint-Étienne 76
La place Saint-Étienne 78
La rue des Filatiers 80
L'hôtel de Clary ou de Bagy, dit « l'hôtel de pierre » 82
Notre-Dame-de-la-Dalbade 84
Notre-Dame-de-la-Dalbade 86
La place des Carmes 88
Le parking-marché des Carmes 90
La rue du Languedoc 92
L'hôtel du Vieux-Raisin 94
La tour de l'hôtel de Roquette 96
La place du Salin 98
La place Saint-Michel 100
La maison d'arrêt 102
L'entrée du Jardin des plantes, allées Jules-Guesde 104
L'entrée du Jardin des plantes, allées Frédéric-Mistral 106
La passerelle du Jardin des plantes 108
Le monument aux morts 110
La Halle aux grains 112
La rue de la Colombette 114
La rue Saint-Bernard 116
La rue de la Concorde 118
La place Arnaud-Bernard 120
L'avenue Honoré-Serres 122
L'avenue Honoré-Serres et le pont des Minimes 124
Le pont des Minimes 126
L'écluse des Minimes 128
L'avenue des Minimes 130
L'avenue des Minimes et l'avenue Frédéric-Estèbe 132
Les ponts d'Empalot 134
Le pont Saint-Michel 136
L'île du Ramier 138
Le pont Neuf, la Garonne et la prairie des Filtres 140
La Garonne depuis le pont Saint-Michel 142

La pointe du Ramier et le pont de Tounis 144
Le pont de Tounis et la chaussée du Château 146
La chaussée du Château 148
L'avenue de la Garonnette 150
L'avenue de la Garonnette 152
Le quai de Tounis 154
Le quai de Tounis depuis le pont Neuf 156
Le pont Neuf depuis le quai de Tounis 158
Le quai de Tounis depuis la prairie des Filtres 160
La prairie des Filtres 162
L'ancien pont 164
Le Château d'eau 166
La place Olivier 168
La place Saint-Cyprien 170
Le marché Saint-Cyprien 172
La place de la Patte-d'Oie 174
Le port de la Viguerie et l'hôtel-Dieu 176
L'école Lakanal 178
Le port de la Daurade 180
Le quai Lucien-Lombard 182
Le pont Saint-Pierre 184
La chaussée du Bazacle 186
Le pont des Catalans 188
Le port de l'Embouchure 190
Le canal de Brienne 192
Le canal du Midi et la passerelle Négreneys 194
L'avenue du Cimetière 196
La passerelle du port Saint-Sauveur 198
Le port Saint-Sauveur 200
Le port Saint-Sauveur 202
L'église Saint-Aubin 204
Le canal du Midi et la gare Matabiau 206
Le boulevard de la Gare 208
Le canal du Midi et le boulevard de Bonrepos 210
Les allées Jean-Jaurès 212
L'arche Marengo 214

L'immense développement de la carte postale au début du XXe siècle a favorisé la production d'un maillage photographique resserré du territoire. À aucun autre moment de l'histoire de la photographie un état des lieux aussi complet n'a été réalisé. Du moindre hameau aux grandes villes, tous les espaces habités ont été photographiés. Ces images simples, souvent d'une grande qualité artistique et documentaire, nous donnent accès à quantité d'informations sur la société d'alors. Beaucoup de ces photographies échappent au pittoresque généralement associé à l'industrie de la carte postale. Elles

***The sharp rise in postcard production in France** at the turn of the 20th century also spurred for detailed photographic documentation of the entire country. Such an enterprise has never been undertaken at any other moment in the history of photography. From the tiniest hamlet to the largest cities, every inhabited place in France was photographed. These simple pictures, often of exceptional artistic and documentary value, provide a wealth of information on society at the time they were taken. Many of these shots deliberately avoid conventional postcard clichés, preferring instead to reveal a positive relationship to the contemporary urban fabric and to the transformations affecting it.*

Focusing on ordinary settings and being widely distributed, these picture postcards easily gained the approval of inhabitants of the places photographed. It is one

sign of people's strong attachment and emotional connection to their surroundings. What has become of this sort of interest today?

Our wondering, however, is not limited to the framework of looking at old pictures. Comparing one place photographed at two different points in time raises a multitude of questions. Who today would send photographs of their neighborhood, street or building to friends and family? How do we view our contemporary cityscapes and landscapes? Just how far are we willing to go to consider them for what they are?

This image-matching technique leads us to ask such questions and, yet, at the same time, provides some of the answers. The technique's obvious revelatory power is what made me want to explore and study this photographic exercise. While it appears as a utopian desire to

témoignent plutôt d'une relation positive à l'espace urbain de leur temps et aux transformations qui le modifient.

La représentation de ces paysages ordinaires et leur grande diffusion sous forme de cartes postales montrent qu'ils ont été largement assumés par leurs habitants. C'est le signe d'une forte identification de la population à son milieu, d'une intimité avec les lieux. Qu'est devenue cette forme d'urbanité ?

Mais le questionnement ne se limite pas à l'examen des images anciennes ; la confrontation avec les vues actuelles est source de nouvelles interrogations. Qui, aujourd'hui, montrerait à ses proches une image de son quartier, de sa rue ou de son immeuble ? Comment représentons-nous les paysages contemporains et plus particulièrement les paysages urbanisés ? Jusqu'où voulons-nous bien les considérer tels qu'ils sont ?

La « reconduction » photographique fait apparaître ces questions tout en contribuant à y apporter quelques réponses. C'est l'évidente faculté de dévoilement de la reconduction qui m'a donné l'envie de la mettre en œuvre largement, de renouer avec ces états des lieux photographiques, avec ces projets utopiques d'inventaire, de mémorisation du monde, dont la photographie est coutumière.

La reconduction consiste à faire une prise de vue conforme à une photographie antérieure, en respectant le plus précisément possible le point de vue d'origine, le cadrage et les autres paramètres, comme la saison, la lumière… Cette technique spécifiquement photographique est un moyen d'améliorer

index and record our surroundings, it is undeniably an inherent aspect in photography.

The aim of image matching is to produce a shot that is nearly identical to an older photograph. The task requires being as faithful as possible to the original shot's angle and framing, as well as to other parameters such as season, lighting, etc. This specifically photographic technique offers a way of enriching our perception of places we know and love, in this case, the cityscape of Toulouse. It also allows us to appreciate the complex and subtle set of influences constantly modifying any given place.

The resulting "before and after" shots are not merely the juxtaposition of two antagonistic worlds, but that of two moments in the existence of one single urban organism, complete with its events, its buildings, its construction sites, its vehicles, its passersby, its lighting… All of which is doomed to change, to evolve, to appear then disappear.

Ultimately, the goal in image matching is to help us to comprehend rather than wax nostalgic about a lost world. The principle behind photo comparisons is more than a simple game of spot the difference. Tiny details can give us insight into elusive features.

We hope that the hundred or so pictures of Toulouse presented here will enlighten readers on these "small worlds," which, day after day, shape the identity of the city.

Daniel Quesney

la perception de lieux supposés familiers – ici nos paysages toulousains – et d'accéder aux phénomènes complexes et parfois discrets qui les modifient sans cesse. L'image avant/après qui en résulte n'est pas la juxtaposition de deux mondes antagonistes mais celle de deux moments de l'existence d'un même « organisme » urbain, avec ses événements, ses immeubles, ses chantiers, ses véhicules, ses passants, sa lumière. Tout cela est destiné à changer, se transformer, apparaître ou disparaître. Le travail de reconduction photographique tend à comprendre et non à verser *a priori* dans la nostalgie d'un monde perdu. Le principe des comparaisons n'est pas qu'un simple jeu des sept erreurs car les indices nous laissent entrevoir des relations plus subtiles. Puisse cette centaine de couples d'images toulousaines témoigner ainsi des « petits mondes » qui, jour après jour, façonnent l'identité de la ville.

Daniel Quesney

Édifié à partir du XIIIe siècle par les dominicains, l'ensemble conventuel des Jacobins est considéré comme un joyau de l'art gothique languedocien. Fermé sous la Révolution puis affecté à l'armée par Napoléon Ier, il fut rendu au culte en 1873 grâce à l'action de l'écrivain Prosper Mérimée et de l'architecte Eugène Emmanuel Viollet-le-Duc. Il accueille chaque année, en septembre, le festival Piano aux Jacobins.

Jacobins Convent. *The Dominicans began construction of this convent in the 13th century. It is considered as a masterpiece of Languedoc Gothic architecture. The buildings were closed during the French Revolution. They were then requisitioned for the army of Napoléon I. In 1873, they returned to their religious function thanks to the efforts of writer Prosper Mérimée and architect Eugène Emmanuel Viollet-le-Duc. Every year in September, the convent hosts the Piano aux Jacobins festival.*

L'ensemble conventuel des Jacobins

Cette église gothique languedocienne est construite entièrement en briques, à l'exception des sept colonnes centrales, hautes de vingt-huit mètres, qui sont en pierre. De la dernière colonne, appelée « le Palmier » par les Toulousains, partent vingt-deux nervures comme autant de branches.

Jacobins Church. *This Languedoc Gothic church was built almost entirely of brick, the exception being its seven central columns. Made of stone, they are 28 meters high (nearly 92 feet). Residents of Toulouse nicknamed the last column the "palm tree" because of its 22 ribs which resemble branches.*

L'église des Jacobins

L'hôtel de Bernuy, au premier plan, fut construit entre 1504 et 1530 pour un riche commerçant en pastel. Il est doté d'une tour d'escalier octogonale, qui est la plus haute de la cité. L'hôtel abrite aujourd'hui une partie du lycée Pierre-de-Fermat. En arrière-plan, on aperçoit le clocher des Jacobins, haut de quarante-cinq mètres.

Hôtel de Bernuy. *This mansion, built between 1504 and 1530, was commissioned by a wealthy dye merchant. Its octagonal staircase tower is the city's highest. The mansion is now used by the Pierre-de-Fermat high school. In the background is the Les Jacobins bell tower rising 45 meters (147 feet).*

L'hôtel de Bernuy

Le couvent des Cordeliers fut fondé au XIIIe siècle. Après la Révolution, il devint un dépôt de fourrage et fut ravagé par un incendie en 1871. La municipalité vendit les vestiges. Seuls furent épargnés le portail et le clocher, qui servit aux expériences télégraphiques de l'ingénieur Claude Chappe.

Tour des Cordeliers. *The Cordeliers convent was founded in the 13th century. After the French Revolution, it was turned into a fodder silo. Then, after the devastating fire of 1871, the city sold off the remains. Only the main gate and the bell tower survived. Claude Chappe (a telegraph engineer and the father of telecommunications) used them in his experiments.*

30 TOULOUSE. – La Tour des Cordeliers. – LL. M B éditeur.

La tour des Cordeliers

À l'emplacement de l'université des Sciences sociales se trouvait jadis un arsenal créé par Napoléon Ier et fermé en 1951. L'église romane Saint-Pierre-des-Cuisines, visible en partie sur la droite, accueille aujourd'hui un auditorium.

College of Social Sciences. *The school of social sciences used to be located on the site of an arsenal set up by Napoléon I and closed in 1951. The Romanesque church Saint-Pierre-des-Cuisines (seen here on the right) is home to an auditorium.*

L'université des Sciences sociales

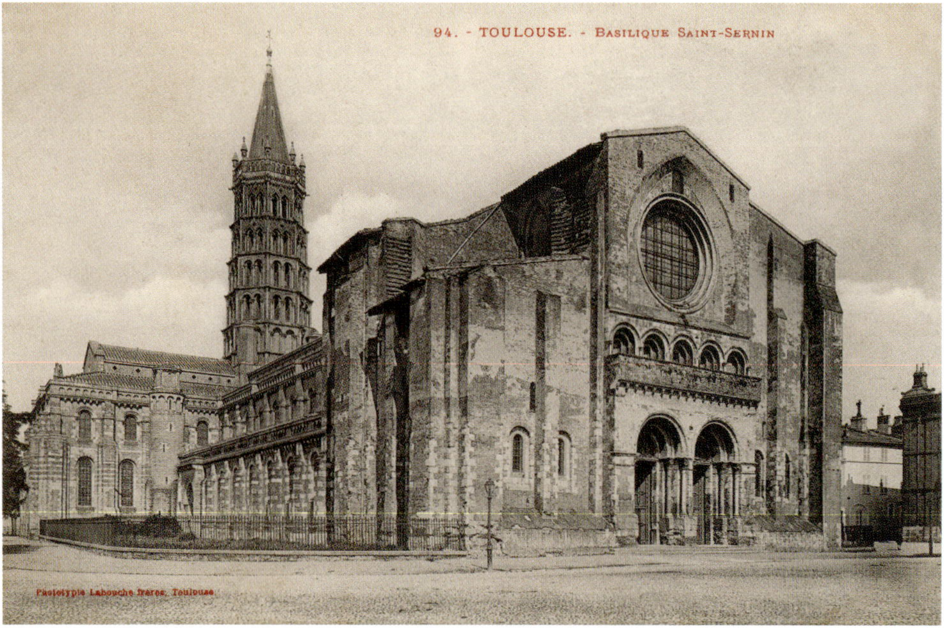

Commencée vers 1075, la construction de la basilique s'acheva au XIIIe siècle. L'édifice, dédié au premier évêque de Toulouse et martyr du IIIe siècle saint Saturnin, était dévolu à l'accueil des pèlerins sur le chemin de Saint-Jacques-de-Compostelle. Il s'agit de la plus grande église romane d'Occident.

Saint-Sernin Basilica. *Construction of this basilica began around 1075 and was completed in the 13th century. It was dedicated to the first bishop of Toulouse, Saint Saturnin, martyred in the 3rd century. It primarily served to welcome pilgrims on the road to Santiago de Compostela. It is the biggest Romanesque church in Western Europe.*

La basilique Saint-Sernin

Situé à quelques pas du parvis de la basilique Saint-Sernin, le musée des Antiques de Toulouse occupe un bâtiment du XVIe siècle, récemment restauré, qui faisait autrefois partie du collège Saint-Raymond. Ce collège avait succédé à un hôpital, présent sur les lieux dès le XIe siècle.

Musée Saint-Raymond. *Toulouse's ancient art museum is only footsteps away from Saint-Sernin basilica. The 16th-century building was recently restored. It was once part of the Collège Saint-Raymond, a school which had replaced a hospital built in the 11th century.*

Le musée Saint-Raymond

Animée depuis le Moyen Âge, la rue du Taur relie la place du Capitole à la basilique Saint-Sernin. L'église Notre-Dame-du-Taur fut édifiée à partir du XIVe siècle à l'emplacement de la sépulture de saint Saturnin, dont les reliques ont aujourd'hui été transférées dans la basilique Saint-Sernin.

Notre-Dame-du-Taur. *This has been a busy street since the Middle Ages. Rue du Taur runs from Place du Capitole to Saint-Sernin basilica. Construction of the church Notre-Dame-du-Taur began in the 14th century upon the burial site of Saint Saturnin. His relics have now been transferred to Saint-Sernin basilica.*

Notre-Dame-du-Taur

Les seigneurs du Chapitre, les capitouls, eurent en charge la gestion de la municipalité dès le XIIe siècle. Aujourd'hui encore, l'édifice abrite l'hôtel de ville, ainsi que le Théâtre national du Capitole dans son aile sud. La longue façade du milieu du XVIIe siècle donne une belle unité à cet ensemble construit à différentes époques.

Capitole. *In the 12th century, city management was in the hands of the* capitouls, *the lords of the Chapitre. Still today, this is the address for city hall as well as for the Théâtre National du Capitole, located in the south wing. The long facade dating from the mid-17th century gives unity and harmony to this ensemble dating from various periods.*

Le Capitole

12 TOULOUSE. - Place du Capitole. Les Arcades.

Cette place fut aménagée au XVIIe siècle, même si les façades entourant le Capitole sont plus récentes. D'abord appellée place Royale, la place du Capitole acquit son nom actuel en 1822. Le lieu est très animé : ses cafés, ses marchés en font un rendez-vous régulier des Toulousains.

Place du Capitole. *This traffic square was laid out in the 17th century, but the façades around the Capitole are more recent. Originally named Place Royale, it took its current name, Place du Capitole, in 1822. It is a very lively area of the city. The cafés and markets here are appreciated meeting places for locals.*

La place du Capitole

Jusqu'en 1870, c'était la rue la plus large de la ville. Créée par les Romains, cet axe nord-sud est la principale artère commerçante de Toulouse depuis le Moyen Âge.

Rue Saint-Rome. *Until 1870, this was the city's widest street. Laid out by the Romans, this north-south route had been the city's main business street from the Middle Ages.*

La rue Saint-Rome

Cette tour du XVIe siècle est le seul vestige de la partie défensive du Capitole, détruite au XIXe siècle. Viollet-le-Duc la restaura en 1873, restituant notamment ses tourelles. Après avoir accueilli les archives de la ville jusqu'en 1946, le donjon est aujourd'hui occupé par l'office du tourisme.

Capitole Donjon. *This 16th-century keep is the only vestige of the defensive portions of the Capitole which were demolished in the 19th century. It was restored in 1873 by Viollet-le-Duc, who added the corner towers. After housing the city archives up to 1946, the donjon was turned into the city's Office of Tourism.*

Le donjon du Capitole

Créée au XIXe siècle, la rue La Fayette relie la place Wilson à la place du Capitole en longeant les jardins.

Rue La Fayette. *Rue La Fayette was laid out in the 19th century. It runs from Place Wilson to Place du Capitole past city gardens.*

La rue La Fayette

Cette place ovale fut aménagée au début du XIXe siècle sur l'emplacement d'une des portes de la ville. Cafés et boutiques chic y attirent une foule nombreuse.

Place Wilson. *This oval-shaped traffic circle was designed in the 19th-century on the site of one of the gates to the city. Fashionable cafés and shops draw crowds there.*

La place Wilson

Prolongeant la place Wilson, les allées du Président-Roosevelt furent surnommées « les Américains ». Ses magasins et cinémas en font un lieu très fréquenté.

Allées du Président-Roosevelt. *The Allées du Président-Roosevelt merge with Place Wilson and were once nicknamed* "Les Américains". *The busy double avenue is lined with stores and movie theaters.*

Les allées du Président-Roosevelt

Témoin de l'urbanisme des années 1960, ce parking aérien a été construit à l'emplacement des anciennes halles du marché Victor-Hugo.

Victor-Hugo Market Place and Parking Garage. *This open-air, multistoried parking garage is a prime example of 1960s urban architecture. It was built on the site previously occupied by the Victor-Hugo covered market.*

Le marché et le parking Victor-Hugo

L'immeuble du télégraphe construit à la Belle Époque se dresse encore au carrefour des rues Gabriel-Péri et des Sept-Troubadours.

Rue Gabriel-Péri. *The Belle-Époque telegraph office still stands at the corner where Rue Gabriel-Péri flows into Rue des Sept-Troubadours.*

La rue Gabriel-Péri

Le boulevard de Strasbourg est l'un des boulevards circulaires qui délimitent, avec la Garonne, le centre-ville. Le percement de ces boulevards est contemporain des grands travaux d'aménagement de la fin du XIXe siècle.

Boulevard de Strasbourg. *Boulevard de Strasbourg is one of the ring roads, which, along with the Garonne River, delineate the city center. The boulevards and major urban planning projects date from the end of the 19th century.*

Le boulevard de Strasbourg

La présence du grand magasin Au Capitole, aujourd'hui repris par les Galeries Lafayette, témoigne de l'intense activité générée dans le quartier à la fin du XIXe siècle par la création des avenues et des boulevards.

Galeries Lafayette Department Store. *Originally known as Au Capitole, this department store now operates as Galeries Lafayette. This area of the city has been a bustling shopping and business district since the late 19th century when wide avenues and boulevards were created.*

Les Galeries Lafayette

Comme la rue du Languedoc qu'elle prolonge, la rue d'Alsace-Lorraine, appelée communément « rue Alsace », fut tracée au XIXe par l'ingénieur des Ponts et Chaussées Urbain Maguès. L'artère que ces deux axes constituent traverse le centre-ville du nord au sud, en croisant la rue de Metz, créée à la même époque.

Rue d'Alsace-Lorraine. *Rue d'Alsace-Lorraine (often simply called "Rue Alsace") extends Rue du Languedoc. It was laid out in the 19th century by structural engineer Urbain Maguès. The two streets cut a north-south thoroughfare through the city center and intersect with Rue de Metz, which dates from the same period.*

La rue d'Alsace-Lorraine

La rue d'Alsace-Lorraine, dont la création remonte à la fin du XIXe siècle, est l'une des plus commerçantes de Toulouse.

Rue d'Alsace-Lorraine. *Rue d'Alsace-Lorraine dates from the late 19th century. It is one of Toulouse's busiest shopping streets.*

La rue d'Alsace-Lorraine

Cet ancien couvent de style gothique méridional fut construit aux XIVe et XVe siècles. Contrairement à d'autres ensembles conventuels reconvertis en casernes, les Augustins furent transformés dès la Révolution en musée, aujourd'hui des Beaux-Arts.

Musée des Augustins. *Built in the Gothic style typical of southern France, this ensemble dates from the 14th and 15th centuries. During the French Revolution, it escaped the fate reserved many convents and was not handed over for army use. Instead, it was turned into a museum. Today, it is a fine arts museum.*

Le musée des Augustins

Le cloître entoure un jardin d'inspiration médiévale, où l'on trouve des plantes médicinales et des légumes cultivés au Moyen Âge.

Cloister of the Augustins Convent. *The cloister frames a medieval herb and vegetable garden which contains medicinal plants and vegetables grown in the Middle Ages.*

Le cloître de l'ancien couvent des Augustins

Le musée des Beaux-Arts des Augustins, l'un des plus anciens de France, servit de point de repère au XIXe siècle pour le tracé des nouvelles rues d'Alsace-Lorraine, du Languedoc et de Metz.

Carrefour Esquirol and Musée des Augustins. *The Musée des Beaux-Arts des Augustins is one of France's oldest fine arts museums. It was an obvious reference point for 19th-century urban planners when they drew up plans for new streets like Rue d'Alsace-Lorraine, Rue du Languedoc and Rue de Metz.*

Le carrefour Esquirol
et le musée des Augustins

Face au musée des Augustins, tout de briques, les immeubles en pierres de taille – qu'il fallait faire venir de loin – témoignent de la volonté, à partir du Second Empire, d'unifier l'image urbaine à travers le pays.

Carrefour Esquirol and Rue d'Alsace-Lorraine. *Across the street from the Musée des Beaux-Arts des Augustins, built all in brick, is a set of freestone buildings. The material for their façades was brought in from faraway quarries at great expense, proof of the Second Empire drive to unify the cityscape across France.*

Le carrefour Esquirol et la rue d'Alsace-Lorraine

Tracée à la fin du XIXe siècle, la rue de Metz relie le pont Neuf à la Halle aux grains en traversant le centre ancien d'est en ouest.

Rue de Metz. *Rue de Metz was designed at the close of the 19th century to conduct traffic from the Pont Neuf to the Halle aux Grains (grain market) by cutting an east-west swath through the old city center.*

La rue de Metz

Cet hôtel Renaissance, l'un des plus beaux de Toulouse, fut construit au milieu du XVIe siècle par un riche négociant en pastel. Les trois ordres d'architecture, dorique, ionique et corinthien, s'y superposent, comme dans la Cour carrée du Louvre, à Paris. Aujourd'hui, l'hôtel d'Assézat abrite notamment la Fondation Bemberg et sa collection d'œuvres d'art.

Hôtel d'Assézat. *This Renaissance mansion, one of the finest in Toulouse, was built in the mid-16th century by a wealthy dye merchant. Superposing the three orders of Greek architecture, Doric, Ionic and Corinthian, it recalls the Cour Carrée inside the Louvre in Paris. Today, the building houses the Bemberg Foundation and its art collection.*

L'hôtel d'Assézat

Le pont Neuf conduit des faubourgs de Saint-Cyprien vers la rive droite, entre les quais de la Daurade et de Tounis. Son axe se prolonge au cœur de la ville par la rue de Metz.

Rue de Metz viewed from Pont Neuf. *This bridge carries traffic between the Saint-Cyprien area and the right bank of the Garonne, between quai de la Daurade et quai de Tounis. Rue de Metz stretches out like a straight line from the bridge, taking traffic into the heart of Toulouse.*

La rue de Metz depuis le pont Neuf

Le palais consulaire (ancien archevêché), situé rue d'Alsace-Lorraine, abrite aujourd'hui la chambre de commerce et d'industrie de Toulouse.

Palais Consulaire. *The Palais Consulaire (formerly the archbishop's palace) is located on Rue d'Alsace-Lorraine. It is now the Toulouse Chambre of Commerce.*

Le palais consulaire

Cette place est un bel exemple d'espace de dialogue entre l'urbanisme orthonormé du Second Empire et celui, plus contingent, du XVIe siècle.

Place Rouaix. *Place Rouaix is an extra-wide street offering an overview of how the Second Empire's rigid orthonormal architecture differs from the more spontaneous architecture of the 16th century.*

La place Rouaix

La cathédrale Saint-Étienne, dont la construction s'étendit du XIIIe siècle au XVIIe, porte la marque de rajouts et de changements de styles successifs. Sur la place Saint-Étienne, l'une des plus anciennes de la ville, se trouve la petite fontaine du Griffoul, installée en 1546.

Cathédrale Saint-Étienne.
Construction of this cathedral spanned the 13th to the 17th centuries. As a result, it carries all the marks of changing styles and additions made over the centuries. Place Saint-Étienne is one of the city's oldest squares. It was graced with the small Griffoul fountain in 1546.

La cathédrale Saint-Étienne

Le portail de la cathédrale jouxte l'entrée de la préfecture de la Haute-Garonne, sise dans un ancien hôtel particulier de 1693.

Place Saint-Étienne. *The entrance to the cathedral stands next to the entrance to the prefecture of the Haute-Garonne, which is located in a private mansion dating from 1693.*

La place Saint-Étienne

Cette rue était, au Moyen Âge, celle des artisans du textile. Les maisons à colombages datent du XVe siècle. Elles sont d'autant plus rares à Toulouse qu'après le grand incendie de 1463, qui dura douze jours et ravagea la moitié de la ville, les constructions en bois furent bannies au profit de la brique.

Rue des Filatiers. *In the Middle Ages, this street was the center of the textile district. Its half-timbered houses date from the 15th-century. They became rarities in Toulouse after the twelve-day-long fire that ravaged half the city in 1463. Thereafter, building in wood was banned while use of brick was greatly encouraged.*

La rue des Filatiers

Au XVIIe siècle, François de Clary, président du Parlement de la ville, fit orner sa demeure d'une imposante façade en pierre, matériau rare à Toulouse. Les travaux du pont Neuf, que Clary était chargé de surveiller, progressant lentement, on murmura : « Il y a plus de pierres du pont à l'hôtel de pierre que de pierres au pont. »

Hôtel de Clary (aka Hôtel de Bagy or the "Stone Mansion"). *In the 17th century, François de Clary, president of the city parliament, had his home lavishly fitted out with impressive (and expensive) carved stone. As Clary was overseeing the construction of the Pont Neuf, when work slowed, locals could be heard complaining that there were more stones from the stone bridge going into the stone mansion than into the stone bridge.*

L'hôtel de Clary ou de Bagy, dit « l'hôtel de pierre »

Le portail Renaissance de cette église de style gothique méridional s'orne à son tympan d'une céramique ajoutée au XIXe siècle reproduisant le tableau du *Couronnement de la Vierge*, de Fra Angelico.

Notre-Dame-de-la-Dalbade. *The Renaissance doorway into this church built in southern French Gothic-style has a tympanum which contains a 19th-century ceramic reproduction of* The Coronation of the Virgin *by Fra Angelico.*

Notre-Dame-de-la-Dalbade

L'église Notre-Dame-de-la-Dalbade était autrefois coiffée par un clocher haut de quatre-vingt-quatre mètres, alors le plus élevé de la ville (voir page 156). Après son effondrement en 1926, ce clocher ne fut jamais reconstruit. Il n'en est resté que la base.

Notre-Dame-de-la-Dalbade. *The church Notre-Dame-de-la-Dalbade once had a belltower that rose 84 meters (275 feet), the highest in the city at the time (see page 156). After it collapsed in 1926, the belltower was never rebuilt. Only the base of the tower has survived.*

Notre-Dame-de-la-Dalbade

La place des Carmes fut créée à l'emplacement du couvent des Carmes, détruit durant la Révolution. En 1892, l'architecte Joseph Galinier y construisit une halle métallique, encore visible sur cette carte postale ancienne, mais détruite en 1958.

Place des Carmes. *Place des Carmes is located on the site of a convent of male Carmelites which was torn down during the French Revolution. In 1892, architect Joseph Galinier designed a market place to be built in metal, as seen in the old post card. It was leveled in 1958.*

La place des Carmes

La halle métallique de l'ancien marché des Carmes fut remplacée dans les années 1960 par un parking-marché réalisé par l'architecte Georges Candilis. Le bâtiment a été rénové en 2000.

Carmes Market and Parking Garage. *The old metal covered marketplace was replaced by a shopping gallery with a multistoried parking garage designed by architect Georges Candilis in the 1960s. It was renovated in the year 2000.*

Le parking-marché des Carmes

Le percement de la rue du Languedoc entraîna la destruction de nombreux édifices. Cependant, l'hôtel du Vieux-Raisin, construit au début du XVIe siècle dans le style italien, y échappa. Il côtoie aujourd'hui des immeubles Belle Époque.

Rue du Languedoc. *Rue de Languedoc's construction required the demolition of numerous buildings. One of the rare survivors was Hôtel du Vieux-Raisin, built in the early 16th century in Italian style. Today, it stands beside buildings dating from the Belle Époque.*

La rue du Languedoc

Construit au XVIe siècle pour Béringuier Maynier, capitoul, avocat et professeur de droit, l'hôtel du Vieux-Raisin doit son nom à une échoppe située dans une rue voisine qui avait pour enseigne une grappe de raisin. Les jardins de l'hôtel furent détruits lors du percement de la rue Ozenne, à la fin du XIXe siècle.

Hôtel du Vieux-Raisin. *City magistrate (*capitoul*), lawyer and law professor Béringuier Maynier commissioned this lovely 16th century mansion. It owes its name (literally the house of the old grape) to a neighboring establishment whose sign featured a cluster of grapes. The home's gardens vanished at the end of the 19th century to make room for the new Rue Ozenne.*

L'hôtel du Vieux-Raisin

Le percement de la rue Ozenne, entre 1906 et 1908, entraîna la destruction d'une dizaine d'hôtels Renaissance, à laquelle a échappé cette tour octogonale datant des XVe et XVIe siècles.

Hôtel de Roquette Tower. *Rue Ozenne was laid out between 1906 and 1908 resulting in the demolition of about a dozen Renaissance mansions. This octagonal 15th and 16th tower, however, survived.*

La tour de l'hôtel de Roquette

Le nom de la place du Salin rappelle l'impôt sur le sel qui était perçu à la Trésorerie royale, dans le bâtiment visible sur la gauche, occupé depuis 1911 par l'Église réformée de France.

Place du Salin. *The name is evocative of the period when the tax on salt was collected by the Royal Treasury which had its office in the building seen here on the left. This house has served as home to the Reformed Church of France since 1911.*

La place du Salin

Cette place constitue l'origine sud des voies qui traversent le centre-ville et des boulevards circulaires qui le délimitent.

Place Saint-Michel. *This square is the southernmost point of the streets that cross the city center and the ring roads that delineate the downtown area.*

La place Saint-Michel

Achevée en 1868, la prison départementale de la Grande-Rue-Saint-Michel, aux allures de château fort, a perdu sa fonction pénitentiaire en 2003. Le bâtiment doit être racheté par la Ville, qui a le projet d'y faire se rencontrer les arts et les sciences.

Detention Center. *Finished in 1868, the departmental Prison de la Grande-Rue-Saint-Michel looks like a fortified castle. In 2003, it ceased to be used as a prison. The city has plans to purchase the building to create a space where the arts can meet the sciences.*

La maison d'arrêt

Les allées Jules-Guesde, créées aux XVIIIe et XIXe siècles sur le tracé des anciens remparts, relient la place du Parlement au jardin du Grand-Rond. Elles longent les anciennes facultés, le Jardin royal et le Jardin des plantes, dont on voit ici l'entrée monumentale.

Botanical Gardens Entrance on Allées Jules-Guesde. *Allées Jules-Guesde were laid out in the 18th and 19th centuries on the old city ramparts. They run from the Place du Parlement to the Grand-Rond garden. They run alongside old university buildings, the Jardin Royal, and the Jardin des Plantes (botanical gardens), seen here with its monumental entrance.*

L'entrée du Jardin des plantes, allées Jules-Guesde

Cette porte donnant accès au Jardin des plantes fut bâtie avec des vestiges provenant du Capitole, en particulier la porte de la Commutation datant de 1622. Ces matériaux furent remontés à cet emplacement lors de l'aménagement du Jardin des plantes en 1886.

Botanical Gardens Entrance on Allées Frédéric-Mistral. *This gateway into the botanical gardens was built with vestiges from the Capitole. The Commutation doorway dating from 1622 and other building materials were incorporated in the structure built in 1886 during the refurbishing of the botanical gardens.*

L'entrée du Jardin des plantes, allées Frédéric-Mistral

La passerelle reliant le Jardin des plantes au jardin du Grand-Rond, inaugurée en 1887, dut être reconstruite après avoir été arrachée par un camion en 1957.

Botanical Gardens Footbridge. *The footbridge connecting the Jardin des Plantes (botanical gardens) to the Grand-Rond was inaugurated in 1887. It had to be rebuilt after a truck brought it down in 1957.*

La passerelle du Jardin des plantes

La spectaculaire porte d'entrée de l'Exposition industrielle internationale de 1908 fut remplacée par l'arc de triomphe encore visible aujourd'hui allée François-Verdier, dédié aux soldats de la Haute-Garonne morts durant la Première Guerre mondiale.

Monument to the Dead. *The spectacular gateway to the 1908 International Industrial Fair was replaced by the Arc of Triumph still standing today on Allée François-Verdier. It is dedicated to the soldiers of the Haute-Garonne who died in the First World War.*

Le monument aux morts

Aujourd'hui transformée en salle de spectacle, l'ancienne halle octogonale de la place Dupuy, bâtie au XIXe siècle, abritait les ventes de céréales arrivant du Lauragais par péniche.

Halle aux Grains. *The 19th-century octagonal grain and cereal market located on Place Dupuy has since been turned into a theater. It used to be an exchange for cereals of all sorts shipped by barge from farmlands in the nearby Lauragais.*

La Halle aux grains

Cette rue étroite n'a rien perdu de son animation depuis la Belle Époque. Elle fait la jonction entre les grands boulevards et les rives du canal du Midi.

Rue de la Colombette. *This narrow street is as busy as it was in the Belle Époque. It is at the junction of the ring-road boulevards and the banks of the Canal du Midi.*

La rue de la Colombette

Le clocher de la basilique Saint-Sernin se profile dans la perspective de la rue Saint-Bernard, vue ici depuis le boulevard de Strasbourg.

Rue Saint-Bernard. *The bell tower of Saint-Sernin basilica provides the point of view entering Rue Saint-Bernard from Boulevard de Strasbourg.*

La rue Saint-Bernard

À deux pas du très populaire quartier Arnaud-Bernard, la rue de la Concorde illustre le développement immobilier de l'agglomération toulousaine.

Rue de la Concorde. *Only steps away from the working-class neighborhood Arnaud-Bernard is Rue de la Concorde. It is a prime example of real estate development in Toulouse.*

La rue de la Concorde

Le quartier Arnaud-Bernard, populaire et cosmopolite, est très actif sur le plan associatif et culturel. La place accueille ainsi de nombreux concerts.

Place Arnaud-Bernard. *The Arnaud-Bernard neighborhood is both mixed and working-class. It is rich in associations and has much to offer culturally. There are frequent concerts on the square.*

La place Arnaud-Bernard

Situé au bout de l'avenue Honoré-Serres, ce rond-point peut être considéré comme le pendant nord du carrefour Saint-Michel. Il donne accès au quartier des Minimes, situé au-delà du canal du Midi.

Avenue Honoré-Serres. *Located at the end of Avenue Honoré-Serres, this roundabout might be considered as the northern sister of the Saint-Michel intersection. It carries traffic into the Minimes quarter, located across the Canal du Midi.*

L'avenue Honoré-Serres

Sur la route de Paris, le premier pont des Minimes franchissant le canal du Midi fut achevé en 1672. Ce n'est que plus tard qu'il devint barrière d'octroi. Les colonnes, construites en 1832, furent détruites en 1941.

Avenue Honoré-Serres and Pont des Minimes. *On the road to Paris, the first Minimes bridge over the Canal du Midi was completed in 1672. It was not until much later that it was used as a tollgate. The columns were built in 1832 and demolished in 1941.*

L'avenue Honoré-Serres et le pont des Minimes

Les abords du canal du Midi sont aujourd'hui aménagés en vue de favoriser la circulation automobile. Le pont a été élargi et pourvu de voies d'accès direct sur les deux berges.

Pont des Minimes. *The banks of the Canal du Midi have been turned into an expressway. The bridge was enlarged and linked to the canal-side expressway with access lanes.*

Le pont des Minimes

L'ancienne écluse a été modifiée lors du réaménagement du carrefour. En arrière-plan, à droite, on aperçoit le récent bâtiment du conseil général de Haute-Garonne.

The Minimes Lock. *The former lock was modified when the crossroads underwent renovation. In the background, on the right, is the recently-built headquarters of the Conseil Général de Haute-Garonne, the departmental assembly.*

L’écluse des Minimes

Proche du canal, cette portion de l'ancienne route de Paris n'a pas encore connu de modifications importantes bien qu'elle soit située dans une zone de forte pression immobilière.

Avenue des Minimes. *Just off the canal, this portion of the old Paris highway has not yet undergone any major transformations despite being located in an area of increasingly appreciating property values.*

L'avenue des Minimes

En fond de tableau, on mesure au type et à la hauteur des constructions la transformation progressive des faubourgs en banlieue.

Avenue des Minimes and Avenue Frédéric-Estèbe. *Rising in the background is evidence of the steady rise in building heights as outskirts turned into developed suburbs.*

L'avenue des Minimes et l'avenue Frédéric-Estèbe

Vue générale du sud de Toulouse. Les ponts d'Empalot traversent le bras supérieur de la Garonne : on distingue la passerelle menant à la poudrerie, les piles de l'ancien pont de chemin de fer, le nouveau pont de chemin de fer et le périphérique.

Ponts d'Empalot. *Toulouse's southern skyline. The Empalot bridges cross the upper branch of the Garonne River. This view also shows the footbridge leading to the explosives factory, the piers of the old railroad bridge, the new rail bridge, and the beltway.*

Les ponts d'Empalot

Le pont initial fut construit en 1844, détruit par la crue de 1875, puis remplacé en 1890 par la construction visible sur cette carte postale ancienne. Le pont actuel, long de trois cent vingt-six mètres et conçu par l'ingénieur Eugène Freyssinet, date de 1962.

Pont Saint-Michel. *The first bridge was built in 1844. It was washed away by the flood of 1875, then replaced in 1890 by the structure seen in the old post card. The present-day bridge was built in 1962. It is 326 meters long (1,070 feet) and was designed by the engineer Eugène Freyssinet.*

Le pont Saint-Michel

Séance d'aviron devant l'île du Ramier. En arrière-plan, l'usine hydroélectrique municipale, construite au début du XXe siècle, alimentait l'éclairage public de la ville.

Ile du Ramier. *Rowers glide by Ramier island. In the background, the city's hydroelectric plant, built at the turn of the 20th century, churned out power for the city's street lighting.*

L'île du Ramier

On mesure la diminution de la prairie des Filtres depuis le début du XXe siècle. Derrière le pont Neuf se détachent les clochers du centre-ville.

Pont Neuf, Garonne River and Prairie des Filtres. *Prairie des Filtres has quite visibly shrunk since the beginning of the 20th century. Behind Pont Neuf are the city-center bell towers and spire.*

Le pont Neuf, la Garonne et la prairie des Filtres

Cette vue du centre de Toulouse, en direction du quai de Tounis, laisse apparaître le développement de l'îlot depuis le début du XXe siècle.

The Garonne River viewed from Pont Saint-Michel. *This view of the center of Toulouse, looking toward Quai de Tounis, shows the growth of the island over the past century.*

La Garonne
depuis le pont Saint-Michel

Le quai de Tounis se prolonge en un pont qui traverse le bras supérieur de la Garonne et relie ainsi le sud du centre-ville à la pointe nord de l'île du Ramier et au pont Saint-Michel.

Pointe du Ramier and Pont de Tounis. *Quai de Tounis is extended by a bridge over the upper branch of the Garonne River that connects the city center's southern portion with the northern tip of Ile du Ramier and Pont Saint-Michel.*

La pointe du Ramier et le pont de Tounis

Le bras supérieur de la Garonne, qui alimentait les anciens moulins du château Narbonnais, rejoint ici le cours principal du fleuve.

Pont de Tounis and Chaussée du Château. *The upper branch of the Garonne River, which used to power the old Château Narbonnais millhouses, flows back into the river's main branch here.*

Le pont de Tounis
et la chaussée du Château

Cette chaussée construite sur le bras supérieur de la Garonne détournait une partie des eaux du fleuve vers la Garonnette et les anciens moulins du château Narbonnais.

Chaussée du Château. *This embankment was built on the upper branch of the Garonne River to redirect part of the water toward the Garonnette and the old Château Narbonnais millhouses.*

La chaussée du Château

Le bras de la Garonnette formait l'île de Tounis. Il fut comblé vers 1950.

Avenue de la Garonnette. *Ile de Tounis was an island formed by the Garonnette, a branch of the Garonne. It was filled in around 1950.*

L'avenue de la Garonnette

Le petit bras que formait la Garonnette se jetait dans le cours principal du fleuve un peu en amont du pont Neuf. Cette vue est prise depuis la rue du Pont-de-Tounis.

Avenue de la Garonnette. *The Garonnette was a short branch of the Garonne that flowed into the river at a point just upstream from the Pont Neuf. These shots were taken from Rue du Pont-de-Tounis.*

L'avenue de la Garonnette

Ce quai longe l'extrême sud du centre-ville, constitué par l'ancienne île de Tounis. Longtemps, on put y croiser le chanteur Claude Nougaro s'y promenant en voisin.

Quai de Tounis. *This riverside road runs southward from the city center. It comprises the former Ile de Tounis. Singer Claude Nougaro lived nearby and could often be seen strolling down Quai de Tounis.*

Le quai de Tounis

La Garonnette affluait autrefois ici dans la Garonne. Le clocher de Notre-Dame-de-la-Dalbade, visible sur la carte ancienne, s'effondra une nuit de 1926.

Quai de Tounis viewed from Pont Neuf*. This is the point where the Garonnette once flowed into the Garonne. The bell tower of Notre-Dame-de-la-Dalbade, visible in the old post card, collapsed one night in 1926.*

Le quai de Tounis
depuis le pont Neuf

La construction du pont fut décidée par François Ier en 1541, mais les travaux ne furent achevés qu'en 1632. Il mesure deux cent cinquante mètres de long et a résisté aux nombreuses crues de la Garonne.

Pont Neuf viewed from Quai de Tounis. *François I ordered the construction of this bridge over the Garonne in 1541, but work was not completed until 1632. It is 250 meters long (820 feet) and has withstood many floods.*

Le pont Neuf
depuis le quai de Tounis

Cette prairie sablonneuse permettait de filtrer l'eau de la Garonne, la rendant ainsi consommable. Au fil du temps, le fleuve en a sensiblement érodé la surface.

Quai de Tounis viewed from Prairie des Filtres. *This sandy field helped filter river water, making it fit for drinking. Over the centuries, it has gradually been eroded by the river.*

Le quai de Tounis
depuis la prairie des Filtres

La prairie des Filtres est restée un haut lieu de promenade et de loisirs, où sont organisés concerts et animations diverses.

Prairie des Filtres. *Prairie des Filtres is still today a leisure walk. Concerts and other gatherings are held here.*

La prairie des Filtres

Cette pile est un vestige de l'ancien pont couvert de la Daurade, situé un peu en aval du pont Neuf et détruit en 1639.

The Old Bridge. *This pier is all that is left of an old covered bridge. Pont de la Daurade sat a little downstream from Pont Neuf. It was destroyed in 1639.*

L'ancien pont

Construit en 1823 avec les fonds d'un mécène, ce château d'eau alimenta en eau filtrée une quinzaine de fontaines et de nombreux points d'eau dans toute la ville jusqu'en 1860. Depuis 1974, à l'initiative du photographe Jean Dieuzaide, le Château d'eau est devenu une galerie publique dédiée à la photographie.

Water Tower. *A benefactor provided funds for this water tower built in 1823. The tower stored filtered water, thus supplying some fifteen fountains and numerous watering points throughout the city up to 1860. Since 1974, it has been used as a city-run photo gallery thanks to the efforts of photographer Jean Dieuzaide.*

Le Château d'eau

Le quartier populaire Saint-Cyprien, situé sur la rive gauche, fut longtemps le plus exposé aux inondations. La fontaine de la place Olivier est dédiée aux victimes de la crue de 1875, qui fit plus de deux cents morts.

Place Olivier. *Saint-Cyprien is a left-bank working-class neighborhood. For a long time, it was a high-risk flood area. The fountain on Place Olivier is a memorial to the victims of the flood of 1875, which claimed over two hundred lives.*

La place Olivier

La porte monumentale du XVIIIe siècle gouverne toujours ce carrefour très fréquenté des boulevards circulaires.

Place Saint-Cyprien. *The monumental 18th-century city gateway still influences traffic flow at this busy intersection on the ring of boulevards.*

La place Saint-Cyprien

Sur la droite se trouve la halle métallique du marché Saint-Cyprien. Le bâtiment qui lui fait face accueille des bains-douches municipaux.

Marché Saint-Cyprien. *On the right is Marché Saint-Cyprien, a metal-framed, covered market. The building across the street houses the city's public baths.*

Le marché Saint-Cyprien

Ce carrefour, qui tient son nom de sa configuration en patte d'oie, relie le quartier Saint-Cyprien à l'ouest de Toulouse.

Place de la Patte-d'Oie. *This intersection owes its name to its design, a goosefoot. It connects the Saint-Cyprien quarter with western areas of Toulouse.*

La place de la Patte-d'Oie

Les « pêcheurs de sable » récoltaient sable et galets charriés par la Garonne, des matériaux employés dans la construction. À droite, les bâtiments de l'hôtel-Dieu Saint-Jacques, présent sur ce site depuis près de huit siècles.

Port de la Viguerie and the Hôtel-Dieu. *The "pêcheurs de sable" (sand fishers) gathered sand and stones carried downstream in the Garonne River for use as construction material. On the right are buildings belonging to the Hôtel-Dieu Saint-Jacques. It has served as a hospital on this site for nearly eight centuries.*

Le port de la Viguerie et l'hôtel-Dieu

Ce bâtiment, qu'occupent aujourd'hui une école et divers services municipaux, abrita un noviciat de jésuites à la fin du XVIe siècle, puis une caserne.

***École Lakanal.** This building was home to a Jesuit novitiate in the late 16th century. After having served as military barracks, it is now home to a school and various municipal offices.*

L'école Lakanal

L'ancien port de Toulouse fut aménagé au XVIIIe siècle. Sa vocation est désormais exclusivement touristique.

Port de la Daurade. *Formerly the port of Toulouse, Port de la Daurade was created in the 18th century. Today, it is only a tourist attraction.*

Le port de la Daurade

Les quais de la rive droite forment une promenade ininterrompue, parcourant le centre-ville du nord au sud. C'est en quelque sorte la « plage » toulousaine. Le pont Neuf est aujourd'hui l'un des plus vieux ponts de Toulouse.

Quai Lucien-Lombard. *The right bank on the Garonne offers an uninterrupted pedestrian area that runs north-south through the city center. One might call it the city's beach. Despite its name, Pont Neuf (new bridge) is one of the city's oldest bridges.*

Le quai Lucien-Lombard

Le premier pont Saint-Pierre, bâti en 1852, fut emporté par la crue de 1855 puis par celle de 1875. De nouveau renforcé en 1931, il fut enfin remplacé en 1987 par la construction actuelle. En arrière-plan, devant les immeubles modernes du quartier des Amidonniers, on aperçoit l'usine hydroélectrique du Bazacle.

Pont Saint-Pierre. *The first bridge to bear the name Saint-Pierre was built in 1852. It was wiped out by the floods of 1855 and 1875. In 1931, the bridge was reinforced again. It was finally replaced in 1987 by the present-day structure. The Bazacle hydroelectric plant appears in the background. Behind it are the modern buildings of the Amidonniers neighborhood.*

Le pont Saint-Pierre

La chaussée du Bazacle permettait de franchir la Garonne à pied par basses eaux. Les anciens moulins furent transformés en usine hydroélectrique en 1888. Le site, géré par EDF, est partiellement ouvert au public. Expositions culturelles et artistiques y sont régulièrement programmées.

Chaussée du Bazacle. *The Bazacle causeway offered pedestrians dry passage over the Garonne when the river was low. The old millhouses were turned into a hydroelectric plant in 1888. Run by EDF (France's power utility), the plant is partially open to visitors. Cultural and artistic exhibits are regularly scheduled here.*

La chaussée du Bazacle

Ce pont long de deux cent cinquante-sept mètres, achevé en 1911, a été conçu tout en pierre et en béton par l'ingénieur Paul Séjourné. Il relie le quartier Saint-Cyprien à celui des Amidonniers.

Pont des Catalans. *This 257-meter-long (843 feet) bridge, photographed here in 1907, was completed in 1911. The stone and concrete structure was designed by engineer Paul Séjourné. It links the Saint-Cyprien and Amidonniers neighborhoods.*

Le pont des Catalans

Aujourd'hui au cœur d'un nœud routier, le bassin de l'Embouchure assure la jonction entre le canal du Midi, le canal de Brienne et le canal latéral à la Garonne. C'était à la Belle Époque un lieu de plaisance très fréquenté.

Port de l'Embouchure. *Port de l'Embouchure is right at the junction of Canal du Midi, Canal de Brienne and the Garonne riverside canal. It was a popular leisure spot during the Belle Époque.*

Le port de l'Embouchure

Destiné à contourner la chaussée du Bazacle, ce canal construit au XVIIIe siècle et long de seulement mille six cents mètres relie le canal du Midi à la Garonne.

Canal de Brienne. *This canal was built in the 18th century. It was designed to bypass the Bazacle causeway. Only 1,600 meters long (one mile), it links the Canal du Midi and the Garonne River.*

Le canal de Brienne

Proches du centre de Toulouse, les abords du canal du Midi connaissent un développement immobilier soutenu depuis les années 1960. La passerelle Négreneys a été modifiée lors du réaménagement routier des berges.

Canal du Midi and Négreneys Footbridge. *Being close to the city center, the area surrounding the Canal du Midi has undergone substantial development since the 1960s. The Négreneys footbridge was altered during the roadwork along the banks of the canal.*

Le canal du Midi
et la passerelle Négreneys

Cette avenue mène du canal du Midi au grand cimetière de Terre-Cabade, créé en 1837.

Avenue du Cimetière. *This avenue runs from Canal du Midi to the large Terre-Cabade cemetery created in 1837.*

L'avenue du Cimetière

Cette passerelle, construite en ciment armé au début du XXe siècle, adoptait un profil étonnamment moderne.

Port Saint-Sauveur Footbridge. *Reinforced concrete was used to make this early 20th-century footbridge. It looks astonishingly modern.*

La passerelle du port Saint-Sauveur

Avec celui de l'Embouchure, c'est le principal port de Toulouse sur le canal du Midi. Il fut créé au début du XVIIIe siècle, principalement pour le transport des céréales.

Port Saint-Sauveur. *Port Saint-Sauveur and Port de l'Embouchure are the main Canal du Midi ports in Toulouse. Port Saint-Sauveur dates back to the 18th century and was primarily meant for the transportation of grain.*

Le port Saint-Sauveur

Aux XVIIIe et XIXe siècles, il fallait quatre jours à la barque-poste transportant des voyageurs pour atteindre Béziers. Les barques transportant des céréales mettaient quant à elles six à sept jours pour rejoindre Sète.

Port Saint-Sauveur. *In the 18th and 19th centuries, it took four days by postal boat for passengers to reach the city of Béziers via the Canal du Midi. Boats transporting grain, however, would take six or seven days to reach Sète.*

Le port Saint-Sauveur

L'église Saint-Aubin fut élevée au XIXe siècle entre les boulevards circulaires et le canal du Midi. L'édicule au premier plan donne accès au parking construit sous la place.

Saint-Aubin Church. *Saint-Aubin was erected in the 19th century. It stands between the ring boulevards and the Canal du Midi. The small building in the foreground is the entrance to an underground parking garage.*

L'église Saint-Aubin

La gare Matabiau fut inaugurée en 1856. En 1857, deux trains – l'un parti de Sète, l'autre de Bordeaux – se rejoignirent triomphalement en gare de Toulouse. Le bâtiment actuel fut construit entre 1903 et 1905.

Canal du Midi and Matabiau Train Station. *Toulouse's train station, Gare Matabiau, was inaugurated in 1856. In 1857, two trains, one arriving from Sète, the other from Bordeaux, made triumphant entries into the station. Today's station was built between 1903 and 1905.*

Le canal du Midi et la gare Matabiau

Le transport fluvial disparut progressivement au profit du chemin de fer à la fin du XIXe siècle. On envisagea même, un temps, de couvrir le canal afin de faciliter la circulation automobile.

Boulevard de la Gare. *River and barge traffic gradually gave way to rail transportation as the 19th century drew to a close. At one point, there was talk of covering over the canal to make room for automobile traffic.*

Le boulevard de la Gare

La plupart des péniches actuellement à quai le long du canal du Midi sont des restaurants.

Canal du Midi and Boulevard de Bonrepos. *Nowadays, most of the barges docked along the Canal du Midi are restaurants.*

Le canal du Midi et le boulevard de Bonrepos

Veillées par la statue de Pierre-Paul de Riquet, grand architecte du canal du Midi, les allées Jean-Jaurès relient le canal à la place Wilson.

Allées Jean-Jaurès. *A statue of the master architect of the Canal du Midi, Pierre-Paul de Riquet, watches over Allées Jean-Jaurès, which run from the canal to Place Wilson.*

Les allées Jean-Jaurès

L'arche Marengo, œuvre de Buffi Associés et du cabinet toulousain Séquences, a remplacé l'ancienne école vétérinaire, détruite en 1964. Depuis 2004, le bâtiment abrite notamment la médiathèque José-Cabanis, la délégation régionale de l'Institut national de l'audiovisuel et une chaîne de télévision locale.

Arche Marengo. *Arche Marengo, designed by Buffi Associés and the Toulouse-based Séquence agency, has replaced the veterinary college demolished in 1964. Since 2004, the building has been home to the José-Cabanis multimedia library, the regional delegation of the Institut National de l'Audiovisuel (radio and TV national archives), and a local television station.*

L'arche Marengo

Remerciements
L'auteur tient à remercier ses amis Christiane et Jean-Noël Plachez
pour leur accueil et leur aide.

Acknowledgements
Special thanks to my friends Christiane and Jean-Noël Plachez
for their help and for welcoming me.

Édition : Clara Popper
Direction artistique : Isabelle Chemin
Maquette : Christine Dekerle-Claessens/Murmures

Avec la collaboration de Véronique Danis et Pascal Tilche

Achevé d'imprimer en mars 2011, en R.A.E
Dépôt légal : février 2007

ISBN : 978-2-35179-009-0